¡QUÉ ANIMALES!

¡ANIMALES!

Ema Wolf

Ilustraciones: Carlos Nine

Dirección Editorial
Canela
(Gigliola Zecchin de Duhalde)

Diseño original interior: Helena Homs

Diseño de tapa: Carlos Nine

Wolf, Ema
    Qué animales / ilustrado por Carlos Nine - 2ª ed. - Buenos Aires :
Sudamericana, 2005.
    80 p. ; 21x14 cm. (Especiales)

    ISBN 950-07-1537-6

    1. Literatura Infantil y Juvenil Argentina I. Carlos Nine, ilus. II. Título
CDD A863.9282.

Primera edición: marzo de 1996
Tercera edición y segunda bajo esta colección: septiembre de 2005

www.edsudamericana.com.ar

Impreso en la Argentina.

Queda hecho el depósito
que previene la ley 11.723.
©1999, Editorial Sudamericana S.A.
Humberto Iº 531, Buenos Aires.
ISBN 950-07-1537-6

En este libro describo algunos animales.

La idea de hacerlo tuvo su origen en una costumbre de mis hijos que, desde chicos, cada vez que en un documental de televisión aparece un bicho raro me llaman a los gritos para que lo vea. Yo dejo todo y voy.

Por esta costumbre muchas tostadas se quemaron y muchos guisos se pegotearon en la olla. ¿Pero qué importancia tiene eso si uno acaba de descubrir, por ejemplo, un escarabajo del desierto de Namib que refrigera su cuerpo con un sistema de ventilación igual al de los autos Volkswagen?

Para los zoólogos —que tan amablemente aclararon mis dudas— no existen animales extravagantes, es sólo una manera de mirarlos. Sucede que yo los miro de esa manera.

La autora

El aí

El más perezoso entre los perezosos es un animal llamado "ai", o sea que más perezoso que el ai, no hay.

Visto desde el suelo —él vive en los árboles— parece una cruza de mono con marmota, un oso de peluche olvidado en la intemperie o una bolsa de pelo.

El ai pasa toda la vida colgando. Sujeto a la rama con sus pies y manos provistos de tres uñas, cuelga con la panza para arriba y ahí se queda, inmóvil, criando polillas —¡de verdad cría polillas en el cuerpo!— como un sobretodo viejo.

No ataca ni se defiende. Uno puede hacer estallar un petardo al lado de su oreja que no se inmuta ni abandona su expresión aburrida. Es el animal más apático del planeta. Tan quieto permanece que en época de lluvias —es sudamericano, de zonas tropicales— le crecen algas sobre la pelambre. Es entonces cuando uno lo confunde con un verde macetero colgante.

Como duerme la mayor parte del día, mirar un ai es tan divertido como mirar una pera. Otros animales rugen, corren, saltan, vuelan; él solamente cuelga.

—Diga, ai, ¿usted qué hace?

—¿Yo? Cuelgo.

El ai casi nunca baja a tierra —hay quien dice que baja para hacer caca, pero de todos modos no hace caca más que una vez por semana—. En el aire vive y muere. En el aire también tiene su cría, que apenas abre los ojos y descubre dónde está se agarra fuerte a los pelos de la madre.

Las hojas y los frutos del árbol bastan para alimentarlo y apagar su sed. De manera que todo su esfuerzo consiste en estirar la mano para alcanzarlos; y siempre en cámara lenta, como cuando en las pesadillas nos persigue un león.

Naturalmente, no sabe caminar. Si por accidente —iay!— cae al suelo, se arrastra a 150 metros por hora —más lerdo que una tortuga— hasta encontrar el árbol más próximo. ¿Y qué hace entonces? Trepa y se cuelga.

Como es lerdo para moverse, también es lerdo para pensar:

Un ai le dice a otro: —Se te va a quebrar.

Cinco semanas después el otro pregunta: —Qué.

Como a los seis meses el primero contesta: —La rama. (Pero ya es tarde.)

En sus sueños es ágil, ligero, gana todas las competencias olímpicas. Sueña que una multitud lo mira desde tierra y comenta:

—¡Es un águila! ¡Es una flecha! ¡Es un avión!

—¡NO! ¡ES UN AI!

Pero nadie dirá eso de él. Nadie, nunca. Al menos mientras siga llevando esa espantosa vida de percha.

El bongo

*E*l bongo es un antílope africano de cuernos macizos, orejas lo bastante grandes como para escuchar todo, buen olfato y una linda piel rayada.

Es muy difícil de encontrar porque hay pocos —dicen— y porque no existe un animal más tímido en el planeta. Tanto, que eligió vivir en el bosque espeso.

Sin embargo los nativos pigmeos del Congo, capaces de enfrentarse con bestias impresionantes como el elefante, el jabalí, el búfalo y el gorila, le tienen terror al inocente bongo porque creen que es mágico. Dicen que durante la noche se cuelga de los cuernos en las ramas altas de los árboles y se deja caer sobre el cazador que lo busca, para aplastarlo.

Otras tribus creen que come plantas venenosas; por eso, aunque no dudan en alimentarse con lagartos, ratas y culebras, nunca incluyen en su menú carne de bongo, que es delicada y muy sabrosa.

Si se les pregunta por qué el bongo es tan difícil de encontrar dirán que es porque cuando se caza un macho las hembras y las crías se zambullen en el agua y allí viven invisibles hasta la época de la sequía; durante ese tiempo pierden la piel y se alimentan de peces.

También suponen que es capaz de transformarse en un arbusto o un árbol, de modo que el cazador pasa a su lado sin notarlo; entonces él recupera bruscamente su forma de bongo, lo ataca con sus cuernos y pezuñas y lo tritura.

Cuando uno lo ve tan manso, tan frágil, es difícil creer que haga esas cosas terribles. Además nunca se supo de antílopes que comieran peces o se transformaran en plantas.

Los naturalistas opinan que es difícil de encontrar porque su piel parda con rayas blancas lo confunde con las luces y las sombras del follaje de los bosques. Entonces uno cree que está frente a un bongo y en realidad está frente a las luces y las sombras del follaje de los bosques.

De todos modos, según el profesor Zeque, es arriesgado decir que los bongos son pocos. A lo mejor hay muchos, sólo que no los vemos. A lo mejor ya se han extendido por todas partes y estamos rodeados de bongos que disimulan.

¡Quién puede jurar que su propio perro no sea un bongo disfrazado!

También es probable que estas historias fantásticas las hayan inventado y echado a correr los mismos bongos. Un poco para evitar que los cacen pero sobre todo porque —como dijimos— son terriblemente tímidos. Odian la publicidad, las fotos, los reportajes, las cámaras de televisión y esas cosas.

La avicularia

*¡A*tención las perso-
nas impresionables que anden por las selvas
de la región amazónica, especialmente en
Brasil!

La Avicularia avicularia —dos veces avicularia— es una araña enorme, corpachona, ne-
gra, peluda, fiera, con ocho ojos amontonados
de manera bizca y patas de gorila. Las patas
terminan en una felpa color naranja, de modo
que parece calzada con escarpines.

Al ser tan grande es también muy fea, por
aquello de que lo feo, si grande, mucho más feo.
Y aunque es cierto que cada tanto cambia de

piel y rejuvenece, eso no la vuelve más linda. A esta altura ni un *lifting* podría mejorarla.

Es tal su aspecto que las mismas arañas domésticas escapan ante la avicularia como ante un monstruo horripilante. Pero es mansa, de buen carácter, no pica a las personas —a menos que esa persona le insista demasiado— y su mordedura no es peligrosa. Hace muchos años un naturalista vio en Brasil a unos chicos indios que paseaban un arañón de éstos atado a una piolita como si fuera un perro pekinés. La avicularia no teje telas aéreas para capturar las presas sino que teje para construir su guarida. Fabrica una especie de tubo de seda vertical entre las grietas y cortezas desprendidas de los árboles. Allí vive. Durante el día permanece oculta. Para comenzar sus cacerías espera la llegada de la noche, lo cual es una suerte porque así se la ve menos.

Es obvio que semejante cuerpo no se alimenta sólo con mosquitas. La avicularia —de ahí su nombre— es capaz de comerse un pájaro o un pollito. Bocados son para ella los insectos corpulentos, las ranas crocantes, las lagartijas, los ratones y también sus parientes, las arañas normales. Todo eso lo tritura con sus quijadas de hierro, después hace un provechito y se derrumba en largas digestiones.

El problema con la avicularia entonces es que nadie quiere topársela cara a cara, y quien la vio una vez no puede evitar el disgusto de recordarla el resto de su vida. Problema para los demás, claro, no para ella que está perfectamente satisfecha con su figura aunque sabe bien del espanto que provoca. Algunas avicularias tratan de sacar provecho de ese espanto cobrando una especie de peaje por no aparecer.

Si uno va caminando por la selva amazónica y ve junto a un árbol una latita con monedas, no pregunte nada, ponga también su moneda y aléjese de inmediato, especialmente si es cardíaco. Así evitará que la avicularia se le aparezca de pronto golpeándose el pecho y aullando como Tarzán.

No se le podía ocurrir nada peor a la animal.

La hoja andariega

El ilustre naturalista profesor Zeque correteaba por el bosque juntando hojas para su herbario cuando en una planta descubrió una hoja bastante bonita. El profesor se felicitó por su talento: a esa altura de su vida era perfectamente capaz de reconocer una hoja apenas con mirarla.

Era verde, de forma acorazonada, con delicadas nervaduras, y se balanceaba de un lado a otro mecida por la suave brisa. El profesor sonrió comprensivamente: la hoja estaba manchada con caca de pájaros, algo habitual entre las hojas. Con un poco de asco estiró la mano para agarrarla.

Entonces la hoja desplegó dos alas y voló.

Sin inmutarse, el profesor anotó en su cuaderno aquella memorable frase: "Las hojas vuelan".

Cuando les contó a sus colegas lo que había visto, los otros se miraron entre sí, movieron la cabeza y comentaron: "Es un animal".

Efectivamente, el profesor Zeque se había topado con un insecto llamado langosta fantasma, fásmido de la India u hoja andariega.

Esta langosta es una hoja perfecta en color y apariencia. El esqueleto se confunde con las nervaduras. Las alas tienen agujeritos como picaduras de insectos y pequeñas manchas que pasan por enfermedades o parásitos de las plantas. También luce caca de pájaro, como ya se ha dicho.

La hoja andariega es un caso extremo de mimetismo, es decir, de animales que imitan los objetos naturales que los rodean. Ya se sabe que hay chinches que parecen flores, y escarabajos como semillas. Hay una oruga que roe hojas y después rellena los agujeros con su propio cuerpo como si alguien fuera a retarla por lo que hizo. Hay mariposas y serpientes que también se confunden con las hojas. Hay un lagarto que parece una hoja con forma de mano —eso ya es más complicado porque puede confundirse con una hoja o con una mano.

Pero la andariega es extraordinariamente hoja; incluso más hoja que muchas hojas. A tal punto que otros insectos se confunden y se la quieren comer, pero apenas le pegan un mordisco descubren que no tiene gusto a hoja sino a pariente.

A partir de aquel episodio, cada vez que el profesor Zeque se encuentra con un cactus sospecha que es un puerco espín. Empieza a ver jirafas donde hay palmeras y caimanes donde sólo hay troncos caídos, a decir que un racimo de uvas chinche es en realidad un panal de abejas africanas.

Cualquier día aparecen cuatro señores de blanco, le ponen un chalequito y se lo llevan.

La broma

*L*as bromas son moluscos de dos valvas —algo así como un mejillón con forma de cereza— que perforan las maderas sumergidas causando daños terribles. A ellas eso les parece de lo más divertido.

Las víctimas principales de las bromas fueron los grandes y antiguos barcos de vela.

Con sus valvas construían galerías en el casco y lo transformaban en poco tiempo en un colador de fideos. De pronto, en medio del océano, el barco quedaba adormecido y empezaba a hacer agua por abajo, que es lo peor que le puede pasar a un barco y a los que van arriba.

Los viejos naturalistas las llamaban "la perdición de los navíos". Aunque los fabricaran con maderas duras como el cedro, el roble o la teca de la India, los agujereaban igual; si eran de pino, mejor, menos trabajo.

Los marinos lo intentaron todo para acabar con las bromas.

Untaron los cascos con alquitrán, cal, cobre y barnices, sin resultado. Los portugueses del 1600 tostaron los tablones de los buques hasta cubrirlos con una gruesa capa de carbón, pero a veces el remedio era peor que la enfermedad porque incendiaban el buque. Los holandeses del 1700 se volvieron locos cuando las bromas, por fastidiar, les comieron los muelles de los puertos, que por esa época eran de madera. Entonces ofrecieron una recompensa a quien encontrara remedio para los destrozos. Aparecieron montones de sabios falsos, magos y charlatanes proponiendo ungüentos infalibles y líquidos venenosos, pero nada de eso sirvió. Ellas se les reían en la cara y apenas se daban vuelta les hacían cuchufletas.

Un antiguo manuscrito del profesor Zeque cuenta que en un viaje de exploración por mar, mientras pescaba desde la borda, sintió cosquillas en la planta de los pies, señal de que las bromas habían perforado el casco desde la quilla hasta la cubierta. El profesor alcanzó a anotar: "Festejaban la hazaña con grandes risotadas. El modo de reírse de los moluscos bivalvos es desagradable. Nunca se ríen de nada bueno. Glub, glub."

A las bromas se les terminó el chiste cuando empezaron a fabricarse los barcos con casco de acero. Entonces ya les quedó poco donde morder. Para los marinos fue una tranquilidad y para los armadores de buques un ahorro de plata. Pero para ellas fue un disgusto enorme.

Muchos se preguntan qué otra cosa andarán tramando, porque no son moluscos de quedarse quietos. Aunque tal vez sólo sientan nostalgia por los viejos tiempos y estén esperando la vuelta de la madera.

La ganga

*L*a Naturaleza piensa en todo.

Les ha puesto luces a los habitantes de las negras profundidades marinas, pelos largos a los que viven en el frío, radares a los pájaros migratorios y bolsas a los canguros para que al saltar no anden perdiendo sus hijos por ahí.

También se ha ocupado del grave problema del agua entre los animales del desierto. Baste el ejemplo del camello, que puede caminar más de trescientos kilómetros en cuatro días sin probar un sorbo. ¿Cómo hace un ave, la ganga de los desiertos africanos, para que sus hijos no pasen sed?

Las gangas viven en zonas muy secas y anidan en el suelo. Los pichones —igual que los padres— comen sólo semillas y necesitan mucha agua para tragar eso. Pero los pozos de agua son escasos y están lejos... (Por otra parte, ninguna ganga sensata haría su nido junto a un pozo, siempre vigilado por predadores al acecho. Un nido en el suelo junto a un oasis pondría en grave riesgo a los pichones. Para los zorros, halcones y chacales sería algo así como una bandeja llena de buñuelitos.)

De modo que las gangas anidan a veinte o treinta kilómetros de un pozo o charco. ¿Cómo acarrean el agua para sus hijos?

Si los padres simplemente se mojaran las plumas exteriores, el fuerte calor evaporaría el agua durante el largo viaje. Dado que en el desierto no hay baldes, palanganas ni vasos descartables, la Naturaleza ha recurrido esta vez al sencillo invento de la esponja.

La ganga macho vuela hasta la orilla del pozo, separa las plumas del pecho y abre un hueco como quien abre la puerta de la carlinga de un avión de transporte. De allí asoma una especie de almohadón plumoso que sumerge en el agua hasta que está bien empapado. Luego vuelve a cerrar el pecho y regresa al nido volando a ochenta kilómetros por hora convertido en una esponja aérea.

El plumón de la ganga puede cargar el doble de líquido que una esponja sintética.

Total, que en unos veinte minutos a más tardar y siempre que no haya embotellamientos ni desvíos, aterriza en casa cargado de agua fresquita. Menudo trabajo el suyo y bien cansado que llega.

Los pichones se ubican debajo del padre y meten los picos entre las plumas del pecho hasta alcanzar la bendita esponja. Entonces toman y toman hasta que el agua les sale por las orejas.

Aunque nunca falta alguno que a eso de las tres de la madrugada se despierte y diga:

—Pa, tengo sed.

El násico

Si pasan cerca de un násico no se rían. Menos aún se les ocurra hacerse los graciosos y decir cosas como: "¿De quién es esa naricita?" o "Prestame la careta para carnaval" o "Loco, ¿de dónde sacaste ese sifón?" No hagan alusión a los resfríos, a las sábanas, ni pronuncien palabras como *sonata* o *moquette*.

Este mono de Borneo carece de sentido del humor. No se metan con su nariz porque es capaz de ponerse muy violento.

¿Cómo podríamos describirla? Lo más fácil es recurrir a las hortalizas: una berenjena formidable, una batata de exposición, un súper-pepino.

La nariz mide diez o doce centímetros y nace donde terminan los pelos de la cabeza, porque el násico no tiene frente. Es colorada, con un surco vertical que la divide en dos hemisferios: oriental y occidental. En la base tiene un par de agujeros como abismos. Además es móvil, lo que la hace parecida a una trompita. En resumen, la napia le cuelga hasta más abajo de la boca como un gancho lamentable.

Tan grande es la nariz que al comer tiene que apartarla con la mano para que no estorbe en el camino de los alimentos. Tan grande, que cuando salta de un árbol a otro la sujeta para no golpearla contra las ramas. Lo curioso es que, además, es un excelente buceador: puede permanecer hasta medio minuto sumergido y por lo visto el apéndice no se le llena de agua.

Érase un mono a una nariz pegado...

Ustedes se preguntarán: ¿y para qué le sirve?, ¿tanto aparato sólo para respirar?

Únicamente el macho adulto tiene esa nariz, y al gritar la utiliza como caja de resonancia. Cuando hace "honk-he-honk" —no se molesten en imitarlo— la nariz amplía el sonido de modo que su voz adquiere un tono fuerte, grave, varonil, como si saliera de un contrabajo.

A las hembras —ellas tienen un perfil aceptable— les encanta que él haga "honk-he-honk". Y cuanto más poderoso es el grito más atractivo les resulta el mono. Al ser el más narigón es también el más sexy y se convertirá en el guía de la tribu.

Los bebés nacen con una naricita corta y graciosa parecida a un conito de eucalipto. ¡Quién va a imaginar en qué se convertirá después!

El násico no es el único mono narigón —hay otros monos que tienen batatas sobresalientes—, pero él les gana a todos.

Al revés que el násico, el rinopiteco anaranjado del Tíbet tiene la nariz chata, tan respingada que la punta le queda en medio de los ojos y bizquea.

¿Habrá algún mono que no sea payaso?

La cacerolíta

Desde un principio este animal no trajo más que confusiones.

El conquistador español que lo descubrió en una playa de América del Norte en 1557 dijo: "Es una cacerola que camina". A su lado muchos opinaron que más parecía una sartén puesto que tenía una sola manija larga.

Cincuenta años más tarde un tripulante de la expedición del inglés Walter Raleigh encontró un ejemplar y dijo: "Parece un casco de combate". Otro dijo: "No, parece una pezuña". Cuando Raleigh lo vio, puso el animal patas arriba y comentó: "Así parece una herradura de caballo".

Y todos tenían razón.

Tras discusiones que duraron siglos sobre el aspecto de este bicho, triunfó más o menos el nombre de "cacerolita" o "cangrejo-cacerola", aunque —he aquí la segunda confusión— no es un cangrejo, ni siquiera un crustáceo. (Tampoco es una tostadora, como sostiene modernamente el profesor Zeque.)

Sus parientes actuales son las arañas y los escorpiones, pero incluso el parentesco con ellos es muy remoto. La cacerolita es en realidad un raro fósil viviente, un artefacto antiguo inexplicable. El grupo al que pertenece existía en el planeta hace trescientos cincuenta millones de años. Ella —no se sabe por qué— se las ingenió para sobrevivir sin cambios, tal como era entonces, como si el tiempo la hubiera olvidado.

Su aspecto de recipiente con mango se debe a su caparazón pulido que termina en una espina aguda de 15 centímetros de largo, tan fuerte y dura, que los primitivos habitantes de Carolina del Norte la usaban como punta para sus arpones de pesca. A ella le sirve para cambiar de posición en el agua y para enderezarse si cae de espaldas.

Cuando llega la primavera las cacerolitas aprovechan la marea favorable para trepar por la playa y allí cavan hoyos donde ponen los huevos. El macho —más chico que la hembra— se ocupa de fecundarlos.

El resto del año andan vagando por el agua, alimentándose de moluscos y gusanos marinos. Quien crea que los mastican con las mandíbulas estará, una vez más, confundido: no tienen mandíbulas. ¿Entonces cómo comen? Para averiguarlo hay que dar vuelta una cacerolita.

¡La bestia tiene la boca entre las patas! Es así: en el medio de sus cinco pares de patas está escondida la boca; y las bases donde se asienta cada pata se oprimen unas con otras para triturar la comida. Conclusión: las cacerolitas comen con las caderas.

Mejor pasemos a otro animal menos complicado.

La hormiga costurera

*E*ntre los muchos oficios de las hormigas —exploradoras, albañiles, guerreras, pavimentadoras, carpinteras, cultivadoras de hongos, etcétera—, hay algunas que cosen.

No cosen a máquina ni a mano sino "a mandíbula", que es una forma un poco bruta de coser. Pero eso no tiene importancia porque nunca se dedicaron a la confección de prendas finas —un traje de novia, por ejemplo— sino que cosen hojas para hacer el nido.

Como todas las hormigas, trabajan en equipo. El asunto es así:

Un grupo de obreras elige dos hojas largas y fuertes que estén más o menos próximas entre sí. Se alinean en el borde de una de las hojas —hasta cien hormigas si es necesario— y con las mandíbulas apresan la otra. Si no llegan fácilmente, forman un puente con sus cuerpos hasta que la hormiga de cabecera consigue apoderarse de la hoja y acercarla a la otra, borde con borde.

Enseguida aparecen más hormigas con los elementos de costura. ¿Cuáles son?

Cada una trae entre sus mandíbulas una larva; una larva de hormiga, sus crías. Por esa época las larvitas segregan hilos de seda para tejer sus capullos; pero las madres han decidido usar la seda para otra cosa.

Las hormigas aprietan delicadamente a las larvas para que suelten la seda, y las van pasando una y otra vez a través de las hojas de modo que éstas quedan unidas por la hebra segregada. ¡USAN A SUS HIJAS COMO AGUJAS DE COSER! Y toda la seda disponible la van a emplear en la construcción del nido, por eso las larvas y las ninfas de las costureras quedan desnudas.

Cuando acabaron de coser las dos primeras

hojas a todo lo largo, eligen hojas nuevas, las juntan y siguen trabajando. Lo hacen bien, con mucha dedicación, sin levantar los ojos de la costura hasta que terminan. Después se mudan al nuevo domicilio.

El hormiguero tiene forma de globo, un enorme capullo de hojas dividido en infinidad de departamentos confortables con paredes y columnitas de seda. Allí se guardan todas. ¡Miles! Cuando notan que un intruso amenaza el edificio se corre la voz de alarma y producen un estrépito infernal golpeando con sus patitas desde adentro.

Las costureras habitan las regiones tropicales de Asia, África y Australia; también las hay en Brasil.

El profesor Zeque anotó en un cuaderno un dato importante: en ninguno de esos sitios se las ha visto trabajar con dedal o usar anteojos.

El
sínsonte

*E*l perro de una granja en Luisiana escuchó el silbido de su amo y corrió hacia él.

—¿Qué hacés acá? Yo no te llamé —le dijo el granjero.

—Sí me llamaste.

—No, te juro que no te llamé.

—¡Estás loco! ¡Vos me silbaste, te oí!

En ese momento las gallinas escucharon la voz del gallo invitándolas a comer lombrices frescas y corrieron a su lado. Después escucharon el maullido del gato y corrieron a proteger a sus pollitos, pero tropezaron con los patos bebés, que habían escuchado el llamado de la pata y corrían tras ella a zambullirse en la charca. El gato escuchó el maullido de la gata en celo y se puso loquito. Los gansos escucharon el grito de la zorra y armaron una gritería que alborotó a los chanchos...

Al rato la granja era un lío. Los animales trotaban de aquí para allá, totalmente desorientados. El granjero se tiraba de los pelos.

—¡Oh, no! ¡Otra vez ese maldito pájaro! —aulló.

En efecto, desde la rama de un árbol el sinsonte o burlón políglota se divertía a costillas de todos falsificando sus voces.

Este pajarito norteamericano, que no mide más de 25 centímetros, es el imitador más hábil del mundo. Si vive en el bosque copia el canto de las aves del bosque; si vive en un parque, el de las aves del parque.

Un naturalista despistado puede volverse loco creyendo que en un mismo árbol se han posado una golondrina púrpura, un reyezuelo, un tordo viajero, un papamoscas, un pico dorado, una calandria de Virginia, un buitre, etc.; y no habrá más que un sinsonte inspirado copiando el canto de sus hermanos de plumas.

En menos de una hora es capaz de imitar cincuenta especies de pájaros, y lo hace tan bien que hasta ellos se confunden.

Si el sinsonte merodea las granjas se entretiene falsificando la voz de los animales, incluida la del chancho. Y también —¡es extraordinario!— cualquier otro sonido que llegue a sus oídos.

Cuando el granjero de Luisiana logró tranquilizar a sus bichos, se sentó a descansar en la galería.

Escuchó el screch-screch de su mecedora aunque no se estaba hamacando. Escuchó el chirrido de la puerta aunque nadie entró ni salió de la casa. Escuchó el sonido áspero de la sierra aunque nadie estaba usando la sierra a esa hora. Escuchó el tic-tac de las aspas del molino aunque no había viento.

Era el mismo sinsonte imitando todos esos ruidos.

—No pienso aplaudir —dijo, rabioso, y se tapó las orejas.

La regadera de Filipinas

*H*ay pocas historias de amor que empiecen en una regadera. Ésta sí.

La más hermosa de las esponjas marinas vive en las costas de Filipinas y Japón. Como todas sus hermanas, es un animal. Un animal que come, respira y se reproduce, sólo que permanece inmóvil con los pies anclados en el fondo del mar. Llega a medir unos 50 cm.

La regadera está compuesta de minúsculas piezas de sílice transparente enlazadas unas con otras. Todas juntas hacen un enrejado delicadísimo en forma de tubo. Imaginen a un

41

artesano paciente tallando con finas hebras de vidrio una joya perfecta, exquisita. Imaginen a un hada hilando una caprichosa media de encaje sólido. Su extremo superior está cerrado por una placa, también calada, y de ahí su nombre.

¡Cuesta creer que en las profundidades exista esa maravilla!

La hermosa regadera, siendo un animal, es también un edificio. Dentro de ella habita un cangrejito de color rosado.

En la primera edad del cangrejo, mientras su tamaño es chico, se mete en la esponja. Y allí vive, en su torre de cristal, a salvo de los enemigos.

Por el interior de la regadera —como esponja que es— circula agua todo el tiempo. El cangrejo se alimenta de los animalitos microscópicos y partículas que el agua arrastra. Entonces crece y engorda.

Llega un momento en que crece tanto que no puede salir. El bonito edificio donde vivió protegido y alimentado se convierte en su prisión.

Para cualquiera de nosotros eso sería una desgracia. Pero él no lo lamenta en absoluto.

Un piso más abajo —digamos en el 4° "C"—
vive una cangrejita también rosada. Como él,
creció en la regadera.

Primero son sólo vecinos, después amigos y
finalmente novios. El romance era inevitable.
Los dos disfrutan de un amor apasionado y
feliz en la paz de su regadera.

De ese amor nacerán nuevos cangrejitos.
Siendo aún muy chicos, abandonarán el hogar
paterno para instalarse en otra esponja. Allí
crecerán hasta quedar prisioneros y seguramente conocerán a su cangreja...

En Japón, cuando una pareja se casa, también se acostumbra hacer bromas a los novios.
Los llaman "cangrejos de la regadera": vivirán
juntos hasta la vejez en la misma celda.

Hay pocas historias de amor que empiecen
y terminen en una esponja. Ésta sí.

El demonio de Tasmania

*L*os habitantes de Tasmania ya no saben qué hacer con esta bestia.

Es injusto, dicen, que siendo ellos gente pacífica y no ocupando más que una isla, les haya tocado bancarse al animal con más mala onda del planeta.

El demonio —por algo lo llaman así— es un marsupial de pelos negros y bigotes erizados, hocicudo, orejón, de ojos chiquitos y malignos. Camina como un oso y se sienta como un perro. Odia la luz, igual que los búhos y los vampiros. De día duerme como un tronco en cuevas oscuras. Al anochecer se despierta rabiando, con un malhumor venenoso, e inicia sus tropelías.

Entra en los corrales de aves y se come todas las que puede. Destruye las trampas y se lleva las carnadas. Arrasa con todo lo que encuentra a la orilla del mar, así sean peces o moluscos inocentes. Su barriga sin fondo no le hace asco a ningún bicho de agua o tierra, vertebrado o invertebrado, volante, caminante o reptante. Cuando los colonos intentaron cazarlo con perros, atacó a los perros con mordiscos tan feroces que hoy no se encuentra en toda Tasmania un mastín que se ofrezca como voluntario para semejante tarea. Y cuando no usa los dientes para devorar —aunque sea huesos pelados— los muestra para asustar al prójimo.

En cautiverio es igual. Cualquier insignificancia —un papelito que vuela— lo saca de quicio. Si le ofrecen algo se abalanza contra los barrotes de la jaula y mueve las patas con furia como queriendo destrozar el objeto que le acercan. Los guardianes no soportan sus malos modales y prefieren darles de comer a las tarántulas, que son más agradecidas.

De dónde sacó ese humor, nadie se lo explica. Es odioso desde chiquito.

Una conversación con un demonio de Tasmania es más o menos así:

—¿Cómo estás?

—Grrr.

—¿Viste qué lindo día?

—Grrr.

—¿Qué tal si escuchamos un valsecito?

—Grrr.

Los naturalistas modernos han ensayado varios métodos para tranquilizarlo: baños de inmersión, leche tibia, hipnosis, pastillas sedantes, pelotitas para descargar los nervios, etc. El profesor Zeque sostiene que lo mejor es el té de tilo, pero esto no ha podido ser comprobado porque cuando le acercan una taza el demonio la tira al diablo.

La hocico
de cerdo

*L*a más mentirosa de las serpientes es la "hocico de cerdo".

La llaman así porque tiene en el morro una especie de placa respingada que le permite cavar. Pero eso no es nada raro. Lo verdaderamente raro en ella es su enorme talento para engañar al prójimo. Es tan inofensiva como una lombriz, pero cuando se siente amenazada por el hombre imita a la cobra venenosa. Levanta el cuerpo, hincha los pliegues del cuello para copiar la caperuza de la cobra, sacude la cabeza y silba ferozmente como si estuviera a punto de morder. Una artista de la simulación.

47

Ella nunca en su vida ha visto una cobra de verdad porque no habitan la misma región. Pero algo en su almita le dice que si no es mala al menos debe parecerlo.

Sin embargo hay personas que no le creen, no se asustan ni escapan. Entonces la serpiente pone en marcha la segunda parte del show, que consiste en hacerse la muerta para que no la atrapen.

La hocicuda se derrumba y empieza a retorcerse como si estuviera en los espasmos de la última agonía. Después se pone panza arriba y queda inmóvil con la boca completamente abierta. Si la levantan, cuelga como un piolín sin dar la menor señal de vida.

La persona piensa: "Pobrecita, ha entregado su alma. Tal vez se asustó de mí y sufrió un paro cardíaco". Apenas se aleja —seguramente con culpa— la muy viva huye.

El profesor Zeque cayó varias veces en las trampas de esta mentirosa, hasta que aprendió.

Un día que atravesaba un bosque del norte de México cerca del Atlántico, se topó con una de ellas y quiso sorprender a su joven guía haciéndose el mago.

Alrededor de la serpiente improvisó unos amenazadores pases magnéticos hasta lograr que se hiciera la muerta, y dijo:

—Ahora que la maté, vas a ver cómo la resucito.

Se escondieron detrás de un árbol.

Zeque repitió los pases y susurró algunas abracadabras aprendidas de los falsos faquires en sus viajes a la India. En efecto, la serpiente al verse sola resucitó.

El joven guía quedó muy impresionado con los poderes sobrenaturales del profesor. ¡No todos los días se topa uno con alguien que es dueño de la vida y la muerte de las criaturas! Lleno de miedo pegó media vuelta, salió corriendo y lo dejó plantado en el medio del bosque.

A Zeque sólo le llevó dos semanas encontrar el camino de vuelta.

El arquero

Algunos animales tienen la pésima costumbre de escupir.

Si a una llama del zoológico no le gusta la cara del visitante, lo escupe. Si al petrel lo molestan cuando está con su cría, escupe sobre el intruso todo lo que tiene dentro del buche. La serpiente escupidora africana lanza su veneno a una distancia de tres metros, y si pega en un ojo provoca una conjuntivitis tan grave que se cura recién al cabo de doce días tras muchos lavajes con ácido bórico.

Mejor no hacer comentarios sobre la educación de estas bestias.

El pez arquero también escupe, aunque él lo hace sólo para alimentarse.

En los concursos de puntería este pez legendario —vive en Java, Sumatra, y el norte de Australia y Nueva Zelandia— se lleva todos los premios. Lo llaman "arquero" porque su escupida tiene la precisión de una flecha lanzada por un guerrero japonés.

Nada a poca profundidad, cerca de las orillas donde abundan los troncos de árboles cuyas ramas frondosas se inclinan acariciando el río. Todo muy poético, pero a él no le interesa ni medio el paisaje sino las moscas que se posan sobre las hojas.

Estas moscas —más otros variados insectos— constituyen su comida. Y para procurársela, Dios le dio una boquita con forma de soplete, una perfecta visión binocular para calcular las distancias y una habilidad envidiable.

El arquero se asoma a la superficie, semblantea a su víctima, apunta bien, y escupe un chorrito de agua que la derriba. Hace un ruido similar al de una pequeña jeringa. Distancia media de lanzamiento: un metro y medio. Apenas la mosca cae a flote, se la come.

Lo más extraordinario es que no escupe exactamente contra la mosca sino sobre ella, de manera que la gota le caiga encima, de arriba hacia abajo, y el insecto no vaya a parar lejos.

¡Hubiera querido ver a Guillermo Tell disparando bajo el agua y con la boca!

Desde muy chiquitos, ya escupen. Al principio son chambones, yerran los tiros y sus disparos no pasan de los diez centímetros. A medida que crecen van ganando en potencia y precisión. En un arquero adulto se registró un tiro de cuatro metros.

En Oriente los usan como peces de adorno. Los ponen en un tanque de agua en cuyo centro se levanta un palo que sobresale unos sesenta centímetros de la superficie; el palo tiene ganchitos donde ensartan moscas. Y ahí pasan los orientales horas y horas mirando cómo los arqueros las engullen.

Nadie sabe qué opinan las moscas de esta diversión.

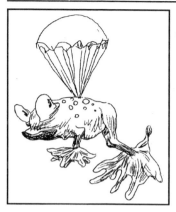

La rana voladora

*E*staba el profesor Zeque observando las aves de la isla de Borneo cuando vio volar una rana.

Acostumbrado a encontrar ranas en los charcos, no en el aire, pensó que sus sentidos lo engañaban o que los prismáticos estaban estropeados. Pero siguió viendo ranas. Dos o tres pájaros, una rana, más pájaros, otra rana... Al fin no vio más que ranas.

Después del vergonzoso episodio de la hoja andariega no se atrevió a escribir en su cuaderno algo tan temerario como: "Las ranas vuelan". Así que guardó los prismáticos, se tomó dos aspirinas y se fue de Borneo ese mismo día convencido de que había visto pavadas.

Un lamentable error de su parte.

Allí donde Zeque perdía el tiempo buscando pájaros, viven los ejemplares más notables de la familia de los racofóridos, una graciosa variedad de rana voladora.

Es bastante linda, más pequeña, esbelta y delicada que sus parientes del charco, aunque nadie llegaría a confundirla con una mariposa. Misteriosamente parece nacida para el aire. Vuela con elegancia, talento, coraje y técnica. Para eso se vale de sus pies y manos provistos de anchas membranas, que son para ella como las alas para los pajaritos.

Cuando quiere impresionar con un buen lanzamiento se remonta a la copa del árbol más alto, observa bien el terreno, llena los pulmones de aire, pliega las patas contra el cuerpo, aplasta la cabeza y... ¡se manda!

No es un simple vuelo planeado que termina en el suelo, sino un espléndido ejercicio de acrobacia aérea. Sube, baja, se inclina como un avión de caza, atrapa insectos alados, vira a derecha e izquierda usando sus patas traseras como timón y se desplaza libre y feliz por el mar de aire hacia la copa de otro árbol que está a doce o quince metros de distancia. Allí se adhiere con unas ventosas que tiene en la punta de los dedos.

De las muchas variedades de ranas que existen en el planeta, estos racofóridos se han despegado de la tierra para vivir navegando en las alturas entre el ramaje frondoso. (Es una lástima lo ocurrido con el profesor Zeque porque se perdió una pieza importantísima para su colección de ranas.)

La vida arborícola, sin embargo, no las ha puesto a salvo. No las persiguen los golosos de la fritura de ranas, pero sí los pájaros y las serpientes, lo que demuestra que no se puede vivir tranquilo en ninguna parte.

Ellas están orgullosas de su habilidad y, como no podía ser de otra manera, miran a sus hermanas de la charca desde arriba.

El bombardero

*N*o se fíen de los escarabajos. ¡Nunca, nunca se fíen de los escarabajos!

Uno los ve tan chiquitos, tan inocentes, tan aplastables, que jamás va a imaginar las porquerías que son capaces de hacer cuando les toca defenderse. Por ejemplo, las larvas del escarabajo de las hojas trinchan su propia caca en unas horquillas que tienen en la parte trasera del cuerpo y se la dan a morder a las hormigas que las persiguen.

Eso no es nada. O al menos es solamente asqueroso.

Hay un escarabajo de la importante familia de los carábidos, muy bonito, de color azul oscuro brillante, con la cabeza y las antenas rojo ladrillo, negro por abajo, algún matiz dorado... Si lo vieran, dirían: "¡Oh, qué escarabajín tan mono!" y sentirían el impulso irresistible de levantarlo en la palma de la mano para acariciarle los rulos.

Grave error.

Mide apenas doce milímetros; si tuviera el tamaño de un rinoceronte estarían ante el animal más peligroso del planeta. Lo llaman "escarabajo bombardero" y es una infernal máquina lanzatorpedos.

Su barriga es como un laboratorio de armas químicas que trabaja sin descanso, aun los días feriados. Él mismo, gracias a unas glándulas, fabrica el combustible para sus explosiones. Escuchen esto: el combustible se compone de peróxido de hidrógeno, hidroquinona y toluhidroquinona. (No se les ocurra hacer la combinación en casa porque va a volar por el aire hasta la cucha del perro.)

Estas sustancias son conducidas a una cámara de combustión. Allí forman una mezcla altamente inflamable que se enciende mediante una enzima y llega a generar una temperatura de cien grados Celsius. ¡BOOOOM!

De su parte trasera sale una nube blanca que se pulveriza en el aire con un estallido. Una abuela sorda escucharía perfectamente la explosión. Y tira hasta veinte veces seguidas. ¡Imaginen una pistola lanzagases de repetición!

Cualquier nariz que esté a menos de cincuenta centímetros queda envuelta en una tufarada corrosiva, asfixiante, inmunda. El bicho que se atrevió a atacarlo huye en cualquier dirección pidiendo a gritos una bocanada de aire puro. ¡Asco! ¡Me rindo! ¡Bandera blanca!

Entonces el bombardero también aprovecha para escapar.

Los bombarderos están diseminados por muchos países cálidos, menos Australia. Así que ya saben: si no quieren toparse con uno múdense a Australia y listo.

El lofío

Ya se sabe que un pez se alimenta de otros peces, pero el lofío es uno que los pesca con caña.

Este pez extraordinario está desparramado por muchos mares, pero se lo encuentra especialmente en el Mediterráneo —los españoles lo llaman *rape*—, en zonas del Atlántico Norte, el Canal de la Mancha y el Golfo de Vizcaya.

Si uno anda caminando por el fondo del mar puede reconocerlo fácilmente: es de color pardo sucio, mide casi dos metros, tiene una cabeza plana mucho más grande que el cuerpo, los ojos hacia arriba, la boca enorme, y está cubierto de jorobas, lóbulos y antenas. Pero sobre todo lo reconocerá por su aparejo de pesca.

Por encima de la cabeza se flexiona un filamento —la caña— que termina en un apéndice en forma de hoja —el anzuelo— con un colgajo de piel —la carnada—. Cuando un pececito desatento muerde, el lofio se estremece de contento, abre su bocaza y se lo manda al buche. Es de una voracidad increíble. A veces hasta se traga los corchos de los pescadores.

El lofio es por lo tanto un pez con equipo de pesca incorporado, de modo que no gasta plata en negocios de artículos deportivos ni se toma el trabajo asqueroso de buscar lombrices.

No sólo tiene un buen equipo sino también la paciencia y la astucia de los grandes pescadores. Se tiende en el fondo, muy quieto, en silencio, como distraído, mueve las antenas para atraer a sus presas y espera...

(Uno de sus parientes, que vive en las profundidades, tiene en la punta de la caña una bombita luminosa; los peces la confunden con un gusano fosforescente y pican como ingenuos.)

El único problema del lofio es que a él también lo pescan. A pesar de su enorme cabeza, queda una buena porción de cuerpo con rica carne, por eso se lo captura en cantidad para los mercados de Europa. El viejo cuento del pescador pescado.

Para algunos amantes de la pesca deportiva, en cambio, el lofio es un gran aliado y cuando sacan uno lo devuelven enseguida al agua. ¿Por qué? Porque suponen que persigue y mata a ciertos peces que a su vez se comen los peces que a ellos les gusta pescar. De lo más enredado.

Como le ocurre a cualquiera, tiene días de suerte con buen pique y otros en que se va a la cama con la barriga vacía porque no ha pescado ni un zapato viejo. También, como todos los pescadores, es un gran mentiroso; siempre exagera el tamaño y la cantidad de los peces que ha obtenido.

El profesor Zeque es un estudioso de estos animales. Por el momento y hasta nuevo aviso recomienda no poner lofios en la pecera hogareña.

La rata comerciante

*I*nstalado en una confortable cabaña, el profesor Zeque estudiaba los roedores del sur de los Estados Unidos.

Una mañana al despertar recordó que la noche anterior había olvidado su pipa en la galería. Salió a buscarla y la pipa no estaba; en su lugar algún gracioso le había dejado un paquete de tabaco húmedo.

Esa misma noche olvidó afuera sus anteojos de leer. Por la mañana descubrió que también habían desaparecido; pero en el sitio donde debían estar los anteojos encontró un diario de la semana anterior.

Ya no tuvo dudas: era víctima de una rata comerciante. Y encima, chistosa.

Todas las ratas —espero que ellas no lean esto— son ladronas: cuando algo les gusta, se lo llevan sin fijarse si tiene dueño. Pero hay una que siempre deja una cosa a cambio de lo que roba.

Cuando descubre que una persona está construyendo su vivienda en las cercanías, ella se apresura a hacer una cueva en el zócalo, en un rincón o debajo de los cimientos. Y allí espera, agazapada, que termine y se instale.

Apenas el habitante de la casa se distrae, le birla los cuchillos, los tenedores, el salero, el abrelatas, la bombilla, los botones descosidos, los caramelos, las monedas, los clavos, las latitas de paté, el reloj pulsera y cualquier cosa que pueda arrastrar. Prefiere los objetos metálicos, brillantes y coloridos, pero a falta de eso también es capaz de llevarse un zapato. Y siempre hace trueque. Siempre deja alguna cosita.

—¡Soy una roedora decente! —dice ella, a quien quiera oírla.

No, no lo es. No es como el ratón nocturno que a cambio de un diente de leche deja dinero bajo la almohada. Ella deja cosas inservibles: basuritas, piedras, trapitos, carozos masticados. En un campamento de ingenieros una rata comerciante sacó todas las municiones de una caja y las reemplazó por pedregullo.

Por supuesto no usa nada de lo que se lleva; simplemente le gusta almacenar, hacer montón en la cueva.

¿Le toma el pelo a la gente? ¿Cree que nadie se dará cuenta del cambio? ¿Acaso le remuerde la conciencia por quedarse con lo ajeno?

No es cierto que algunas de estas ratas hayan acumulado fortunas inmensas. Sí que muchas veces se las acusa injustamente. Por ejemplo, de robar las cucharitas de plata en una fiesta; y todo porque a nadie se le ocurre revisar los bolsillos de las visitas cuando se despiden.

El pepino de mar

¿**E**n qué se diferencia un pepino de huerta de uno de mar? Muy fácil.

Un pepino de huerta es un simple vegetal; el de mar es un animalito. De modo que uno tiene pies y el otro no.

El pepino común crece de semillas y hay que cultivarlo. El otro simplemente se recoge del fondo del océano y, por supuesto, no hace falta que lo rieguen.

Es habitual que los dos vayan a parar a una ensaladera, pero al de mar sólo hay que agregarle aceite y vinagre porque ya viene salado.

El pepino de huerta es tranquilo y no se altera aun cuando lo amenacen con un tenedor. El otro es un tipo sobresaltado que si tiene miedo —y como no puede correr— reacciona de manera extraordinaria.

Un pepino de mar asustado se contrae convulsivamente y expulsa todo su aparato digestivo. Arroja al agua lo que en un hombre equivaldría al esófago, el estómago y los intestinos. Y si es necesario también expulsa los órganos de la respiración. En una palabra, se vacía. De más está decir que sus atacantes, envueltos en semejante inmundicia, huyen.

Pero no muere porque todo le crece de nuevo.

Si perdió sólo el tubo digestivo, en diez días lo recupera. Si perdió toda la parte de adentro, en setenta días más o menos se ha transformado otra vez en un pepino completo.

Y no sólo eso.

Si ustedes cortan en rodajas o le pegan un mordisco a un pepino común, ya nunca volverá a ser el mismo. Pero si a un pepino de mar vivo alguien le come un pedazo, lo recupera. Basta con que quede la cabeza para que a partir de ella todo el cuerpo se regenere.

¡Y todavía hay gente que no cree en la resurrección del pepino!

Estos animales viven en casi todos los mares cálidos y aparecen bajo diversas especies, colores y tamaños. Son grises, castaños, púrpuras... unos pocos rojos y naranjas. Algunos miden casi dos metros. O sea que resultan más vistosos y divertidos que los que se compran en la verdulería.

En el Pacífico oriental hay una variedad que se cosecha en gran escala: los más grandes se hierven, se limpian y ahúman para preparar platos exquisitos; los más chicos se comen sencillamente en ensalada.

Sin duda los pepinos de mar tienen muchas ventajas sobre los de huerta. Incluso hay quienes dicen que son menos indigestos; pero de todos modos conviene no atracarse.

El
lución

*E*l profesor Zeque tenía motivos para estar contento. En el jardín de su casa de campo en las afueras de Roma habían desaparecido las babosas.

¡Años luchando contra esos asquerosos gasterópodos! ¡Litros de malasangre, miles de rabietas, toneladas de sal tratando de achicharrarlas! Resultado: babosas por todas partes. Hasta que de pronto, plif, en apenas tres días dejaron de verse.

Tratando de averiguar el motivo, se puso a inspeccionar el jardín centímetro a centímetro arrastrándose sobre los codos.

Detrás de un macizo de petunias se topó con una serpiente de unos 35 cm que también se arrastraba. Por suerte, parecía inofensiva. Ahí mismo, delante de sus ojos, la bicha se comió una babosa —seguramente la última que quedaba.

En ese instante, a pocos metros, descubrió los pies empantuflados de su vecina Carmelucha Briganti. ¿Qué hacía Carmelucha en su jardín? Jamás lo visitaba. La muy soltera se había puesto a gritar con voz de estropajo lloroso:

—¡Lucio! ¡Lucio! ¿Dónde te fuiste, tesoro?

Apenas descubrió también ella la serpiente, se le llenó la cara de alegría y pretendió llevársela. Zeque se opuso con violencia.

—¡Deje ahí esa serpiente! ¡Está en mi terreno!

—¡No es una serpiente, asno! Es un lución, un lagarto. ¡Y es mío! ¡M-Í-O!

En efecto, el lución común es un lagarto ápodo idéntico a una serpiente; tiene escamas y repta como una serpiente. La separación entre cabeza, tronco y cola no se distingue. Sus cuatro patas son rudimentarias, casi inexistentes y, lo mismo que las orejas, están escondidas bajo la piel. ¡Entonces quién va a sospechar que es un lagarto!

Zeque no estaba para nada convencido. Según él, un animal con cuerpo de mono, pelos de mono y cara de mono es un mono. Discutieron. Carmelucha lo remató con un argumento definitivo: las serpientes no tienen párpados y los lagartos sí.

—Lucio, hágale ojitos al señor.

El lagarto, dócil, abanicó las pestañas.

El profesor se rascó la cabeza; estaba bastante avergonzado. Su vecina tenía razón; evidentemente andaba flojo en reptiles. Pero lo que más le molestaba era que si Carmelucha se llevaba el lución, su jardín volvería a llenarse de babosas.

La Briganti le leyó el pensamiento. Alzó el lagarto, se lo enroscó en el pescuezo como un echarpe y tomó carrera para saltar la medianera. Ya en el aire, gritó:

—¡Nunca más mi Lucio va a comer en casa ajena!

La vaca

*L*as vacas son los ani-
males más importantes que hay. Se dividen en
dos grandes clases: útiles y sagradas.

Las vacas útiles dan leche, cuero y bifes.
Unas más, otras menos... La más rara es la
vaca peluda de Escocia. La más famosa es la
holandesa, un modelo de vaca que se ha extendido por muchos países porque es muy
carnuda y da leche en cantidad —hasta ocho
mil litros en trescientos días de ordeñe.

A su vez las vacas útiles se dividen en dos
tipos: las madrinas y las comunes. Las comunes son eso nomás, vacas comunes. Las ma-

71

drinas son las guías del rebaño y llevan cencerros en el pescuezo para que las otras —a menos que sean sordas— no se extravíen. Cuando una vaca es gorda y bella gana premios en las exposiciones.

Normalmente se alimentan de hierba fresca y forraje; excepto en Laponia, donde comen ramas de abedul, estiércol de caballo, algas marinas y gelatina de huesos de merluza. Tanto se han aficionado estas vacas al pescado, que roban las merluzas que los lapones tienden a secar. Por supuesto, los bifes de vaca lapona no tienen el mismo gusto que los bifes de vaca alimentada con tréboles.

Las vacas sagradas existen desde los más remotos tiempos. Muchos pueblos adoraron a las vacas porque las consideraban un regalo de los dioses. La diosa egipcia Isis y la griega Ío tenían la cabeza coronada con cuernos de vaca. En la antigua Cirene, fundada en África por los griegos, era delito maltratar a una vaca. En la India, aún hoy, los brahmanes las veneran y jamás matarían una para comérsela, de modo que ellas andan muy sueltas por la calle y todos se apartan para dejarlas pasar.

Hay un tercer tipo de vaca mixta, útil y sagrada a la vez: los miembros de la tribu de los dinkas, en el sur de África, no las matan para alimentarse pero queman la bosta y usan la ceniza como colchón o para pintarse el cuerpo; el pis lo emplean para lavar y para salar la comida.

Como se ve, las vacas sagradas tienen más suerte que las útiles.

Pero todas hacen muuuu, todas son igualmente rumiantes, bastante tontas y carecen de amor propio. Tienen dos cuernos, cuatro estómagos y un rabo con el que ellas mismas se espantan las moscas. Las hay lisas y estampadas de dos colores. Están extendidas por casi todo el mundo. Las vacas de las praderas duermen al aire libre. Las de las montañas duermen en establos y no es verdad que esquíen, como se dice por ahí.

En la pampa argentina hay muchas vacas. Con las vacas se hace el dulce de leche.

El cangrejo de las salinas

*E*n cuestión de lluvias la Tierra es de lo más despareja. Hay lugares donde llueve siempre y otros donde no llueve nunca. También hay sitios —esto es aun peor— donde un día se llueve todo y después pasa muchísimo tiempo sin que caiga una gota.

Los animales se han adaptado a estos contratiempos. Por ejemplo, hay un caracol que en época de lluvias absorbe casi un litro y medio de agua y después aguanta dos años sin tomar nada.

En uno de los enormes desiertos del oeste norteamericano, llueve una vez cada diecisiete años. Cuando eso sucede, en los sitios más hondos se forman pequeños charcos que el bicherío tiene que aprovechar muy bien porque duran poco: el sol los seca enseguida.

Uno que de veras los aprovecha es el cangrejo de las salinas: cumple todo el ciclo de su vida durante los doce días que dura el charco.

Gracias a esa poquita agua se abrirán los huevos —tan diminutos que se confunden con los granos de arena y por eso nadie se los come—. De los huevos saldrán los cangrejitos, que se apuran a crecer porque en su caso el tiempo apremia. Cuando alcanzan los 10 mm ya se consideran grandes.

Enseguida se aparean —casi no se fijan en la cara del candidato, tienen que hacer todo muy rápido— y ponen a su turno una enorme cantidad de huevos. Poco después mueren.

Toda su existencia se ha desarrollado en doce días. Apenas lo que tardó en secarse el charco.

El desierto despliega otra vez sus cientos de kilómetros de pavorosa sequía. La comunidad de cangrejos vigorosos y chapoteantes ha desaparecido. El sol achicharra la arena y parece haber liquidado todo lo que en ella habita.

Pero la vida sigue. Digamos que la vida no ha muerto. Está ahí, conservada dentro de los huevos en estado latente. Es apenas un puntito invisible, una casi nada que permanece a la espera.

Dentro de diecisiete años, un día cualquiera, las nubes taparán el sol, caerá la lluvia, se formarán los charcos... Si por casualidad, sólo por pura casualidad, un charco se forma sobre los huevos, se abrirán. Y nacerán los bebés, y todo vuelta a empezar.

Ningún cangrejo de las salinas ha intentado escribir sus memorias por la sencilla razón de que no le alcanza el tiempo.

El profesor Zeque, en cambio, ha escrito una excelente y completa biografía de uno de ellos llamado Pirilo. Se titula "Vida y obra de Pirilo o Un huevo con suerte". Es un libro muy corto. De hecho, le bastó media carilla para contar todo.

Índice

Composición de originales
Gea 21

Esta edición de 3.000 ejemplares
se terminó de imprimir en
Kalifón S.A.,
Humboldt 66, Ramos Mejía, Bs. As.,
en el mes de septiembre de 2005